Impressum
Verlag: BABADADA GmbH, Nedderfeld 112 , 22529 Hamburg
Geschäftsführer / Verlagsleitung: Harald Hof
Druck: Books on Demand GmbH, In de Tarpen 42, 22848 Norderstedt

Imprint
Publisher: BABADADA GmbH, Nedderfeld 112 , 22529 Hamburg, Germany
Managing Director / Publishing direction: Harald Hof
Print: Books on Demand GmbH, In de Tarpen 42, 22848 Norderstedt, Germany

школа

škola

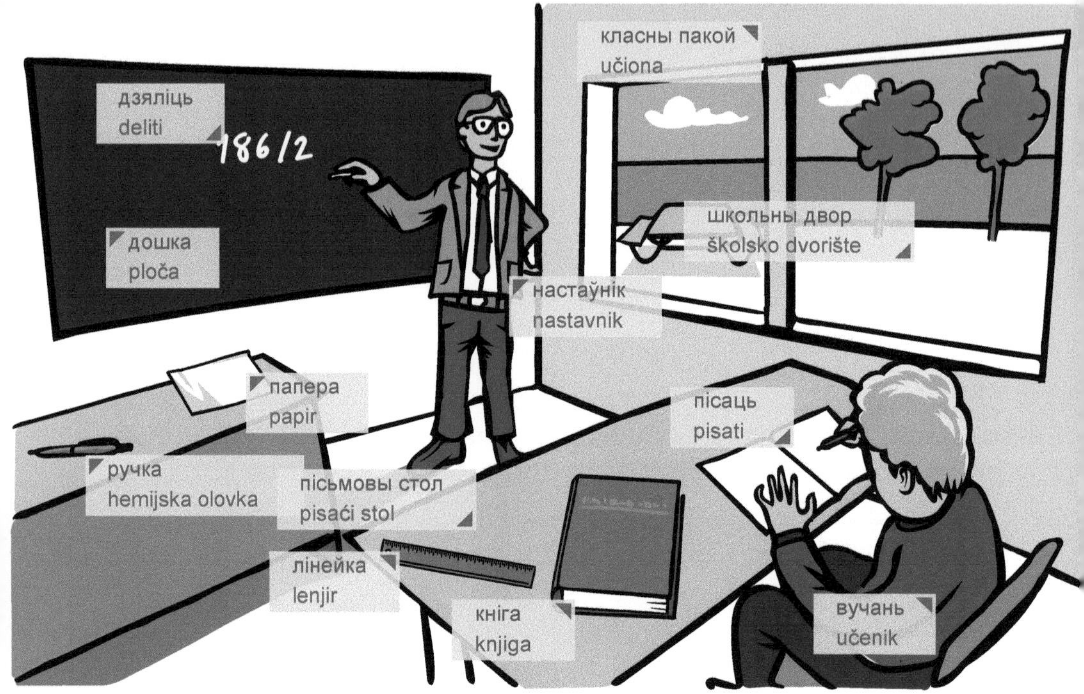
класны пакой
učiona
дзяліць
deliti
186/2
дошка
ploča
школьны двор
školsko dvorište
настаўнік
nastavnik
папера
papir
пісаць
pisati
ручка
hemijska olovka
пісьмовы стол
pisaći stol
лінейка
lenjir
кніга
knjiga
вучань
učenik

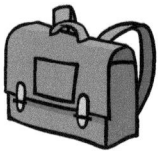

ранец

torba

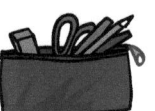

пенал

pernica

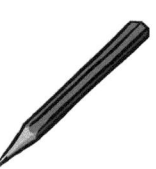

просты аловак

grafitna olovka

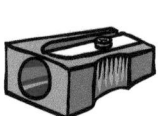

тачылка для алоўкаў

šiljilo za olovke

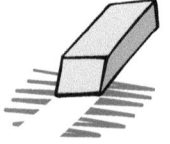

гумка

gumica za brisanje

альбом для малявання

blok za crtanje

малюнак

crtež

пэндзлік

kist

фарбы

kutija sa bojama

нажніцы

makaze

клей

lepilo

сшытак

beležnica

хатняе заданне

domaći zadatak

12

лік

broj

2+2

дадаваць

sabirati

5-2

адымаць

oduzimati

2×2

множыць

množiti

лічыць

računati

A

літара

slovo

ABCDEFG HIJKLMN OPQRSTU VWXYZ

алфавіт

abeceda

hello

слова

reč

тэкст

tekst

чытаць

čitati

крэйда

kreda

ўрок

čas

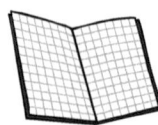

класны журнал

dnevnik

экзамен

ispit

атэстат

svedočanstvo

школьная форма

školska uniforma

адукацыя

obrazovanje

энцыклапедыя

leksikon

універсітэт

univerzitet

мікраскоп

mikroskop

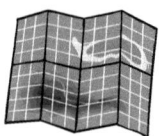

карта

karta

смеццевы кошык

košara za papir

гатэль
hotel

хостэл
prenoćište

ROOMS

EXCHANGE

абменны пункт
menjačnica

чамадан
kofer

аўтамабіль
auto

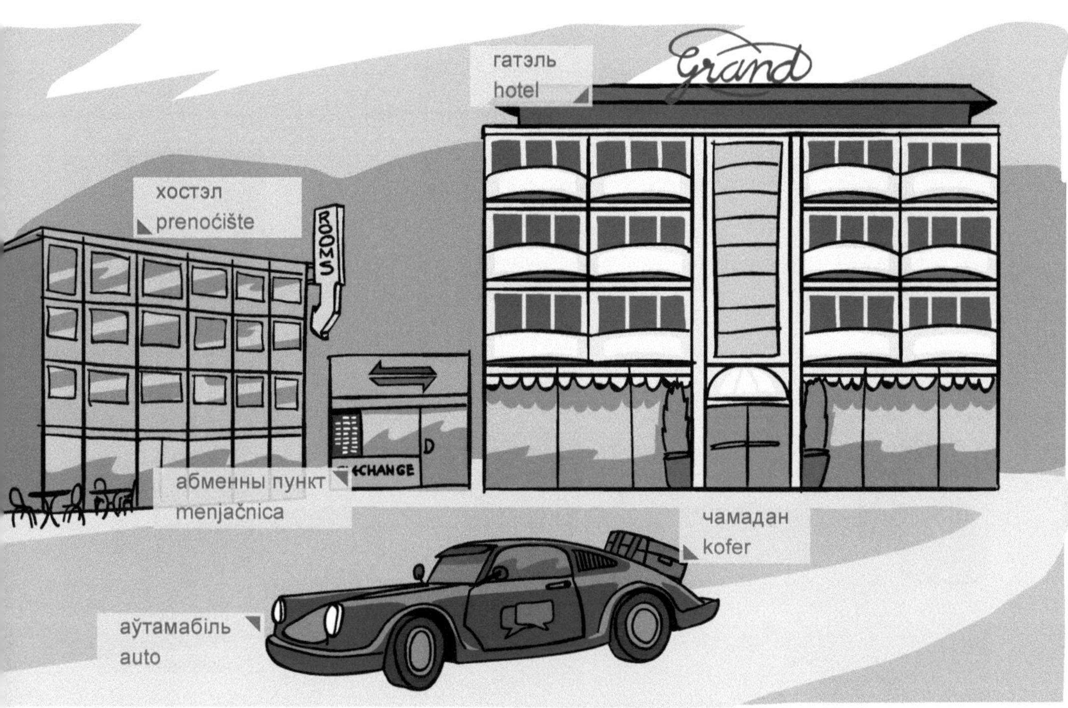

мова

jezik

так / не

da / ne

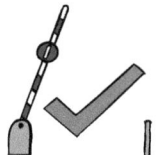

добра

okej

прывітанне!

zdravo

перакладчык

prevodilac

дзякуй

hvala

Колькі каштуе....?

Koliko košta...?

я не разумею

ne razumem

праблема

problem

Добры вечар!

dobro veče!

Добрай раніцы!

Dobro jutro!

Дабранач!

Laku noć!

да пабачэння

doviđenja

кірунак

smer

багаж

prtljaga

сумка

torba

заплечнік

ruksak

госць

gost

пакой

soba

спальны мяшок

vreća za spavanje

палатка

šator

інфармацыя для турыстаў

turističke informacije

пляж

plaža

крэдытная картка

kreditna kartica

снеданне

doručak

абед

ručak

вячэра

večera

праязны білет

karta za vožnju

ліфт

lift

паштовая марка

poštanska markica

мяжа

granica

мытня

carina

пасольства

ambasada

віза

viza

пашпарт

pasoš

транспарт
transport

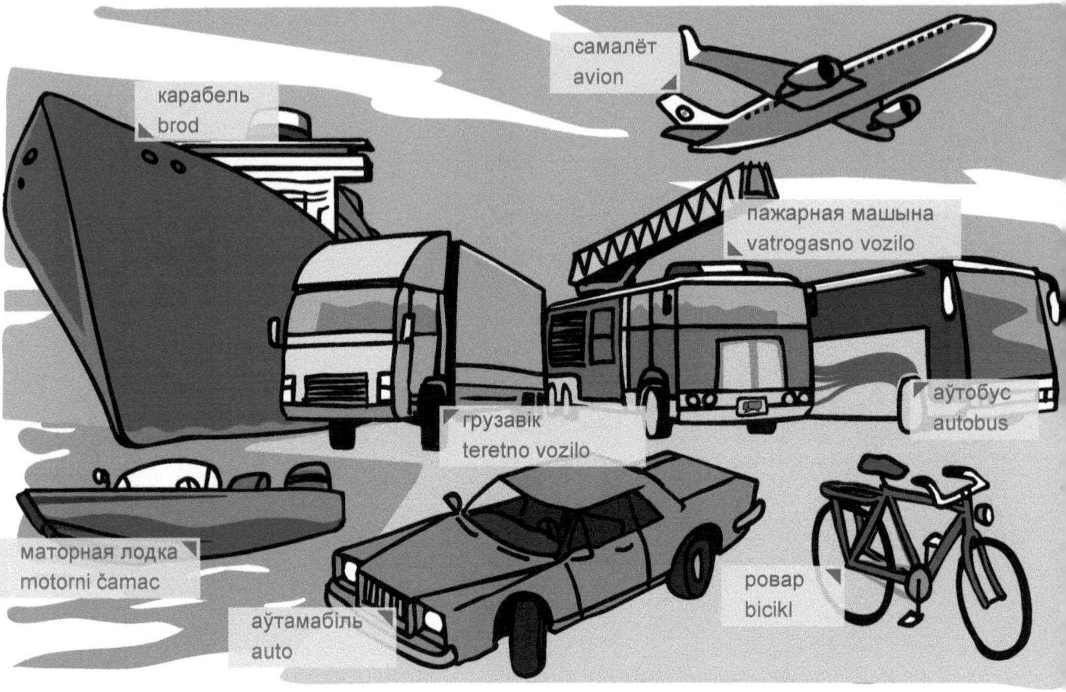
самалёт
avion
карабель
brod
пажарная машына
vatrogasno vozilo
аўтобус
autobus
грузавік
teretno vozilo
маторная лодка
motorni čamac
ровар
bicikl
аўтамабіль
auto

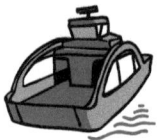

парoм

trajekt

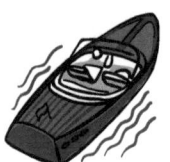

лодка

čamac

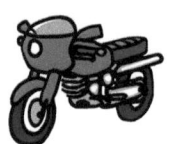

матацыкл

motocikl

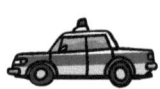

паліцэйская машына

policijski auto

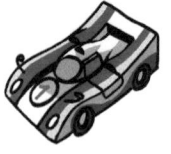

гоначны аўтамабіль

trkaći auto

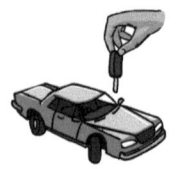

арэндаваны аўтамабіль

iznajmljeno auto

сумеснае карыстанне
аўтамабілем
....
delenje automobila

эвакуатар
....
vučno vozilo

смеццявоз
....
vozilo za odvoz smeća

матор
....
motor

паліва
....
benzin

запраўка
....
benzinska stanica

дарожны знак
....
saobraćajni znak

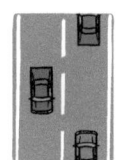

дарожны рух
....
saobraćaj

затор
....
zastoj

паркоўка
....
parkiralište

чыгуначная станцыя
....
železnička stanica

рэйкі
....
šine

цягнік
....
voz

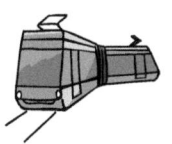

трамвай
....
tramvaj

вагон
....
vagon

верталёт

helikopter

аэрапорт

aerodrom

вежа

kula

пасажыр

putnik

кантэйнер

kontejner

кардонная скрыня

karton

тачка

kolica

карзіна

korpa

ўзлятаць / прызямляцца

uzleteti / sleteti

горад

grad

вёска

selo

цэнтр горада

centar grada

дом

kuća

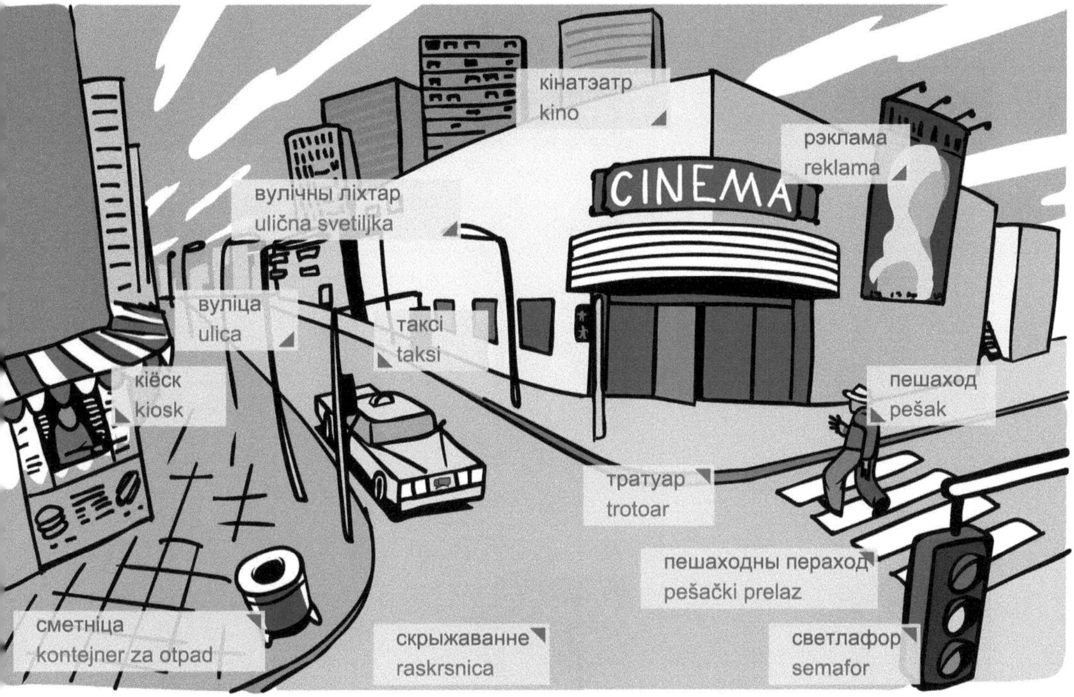

кінатэатр
kino

рэклама
reklama

вулічны ліхтар
ulična svetiljka

вуліца
ulica

таксі
taksi

кіёск
kiosk

пешаход
pešak

тратуар
trotoar

пешаходны пераход
pešački prelaz

сметніца
kontejner za otpad

скрыжаванне
raskrsnica

светлафор
semafor

халупа

koliba

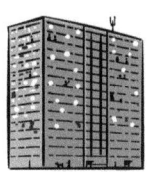

кватэра

stan

чыгуначная станцыя

železnička stanica

ратуша

većnica

музей

muzej

школа

škola

універсітэт

univerzitet

банк

banka

шпіталь

bolnica

гатэль

hotel

аптэка

apoteka

офіс

kancelarija

кнігарня

knjižara

крама

prodavnica

кветкавая крама

cvećara

супермаркет

supermarket

кірмаш

trg

універмаг

robna kuća

рыбная крама

ribarnica

гандлевы цэнтр

trgovački centar

порт

luka

парк

park

лава

klupa

мост

most

лесвіца

stepenice

метро

podzemna železnica

тунэль

tunel

прыпынак

autobuska stanica

бар

bar

рэстаран

restoran

паштовая скрыня

poštansko sanduče

вулічны паказальнік

ulični znak

паркамат

parkirni automat

заапарк

zoološki vrt

басейн

bazen

мячэць

džamija

сядзіба
seosko gazdinstvo

забруджванне
навакольнага асяроддзя
zagađenje okoline

могілкі
groblje

царква
crkva

пляцоўка для гульні
igralište

храм
hram

краявід
pejsaž

ліст
list

паказальнік
putokaz

дарога
put

луг
livada

камень
kamen

дрэва
drvo

падарожнік
šetač

рака
reka

трава
trava

кветка
cvijet

даліна

dolina

гара

planina

возера

jezero

лес

šuma

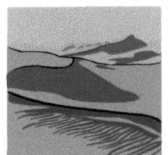

пустыня

pustinja

вулкан

vulkan

замак

dvorac

вясёлка

duga

грыб

gljiva

пальма

palma

камар

moskito

муха

muva

мурашка

mrav

пчала

pčela

павук

pauk

жук

buba

жаба

žaba

вавёрка

veverica

вожык

jež

заяц

zec

сава

sova

птушка

ptica

лебедзь

labud

дзік

divlja svinja

алень

jelen

лось

los

плаціна

nasip

вятрак

vetrenjača

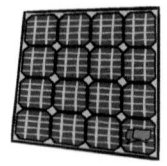

сонечная батарэя

solarna ploča

клімат

klima

рэстаран

restoran

афіцыянт
konobar
меню
jelovnik
крэсла
stolica
суп
supa
піца
pica
абрус
stolnjak
сталовыя прыборы
pribor za jelo

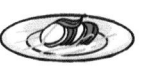

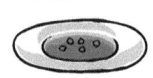

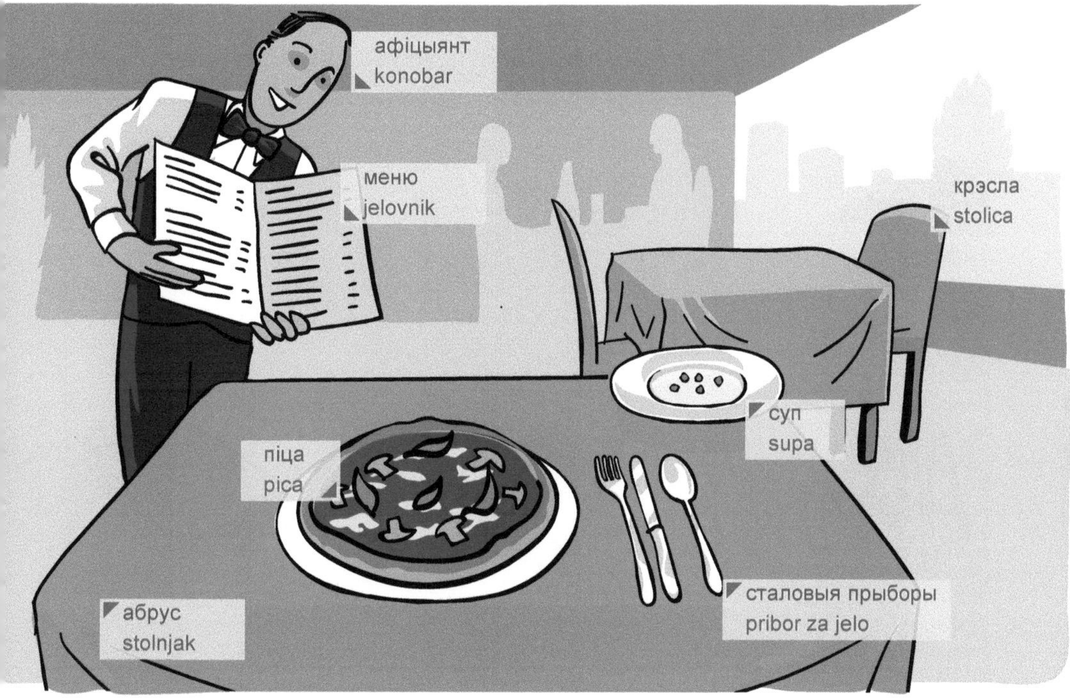

закуска

predjelo

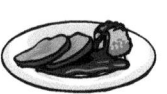

другая страва

glavno jelo

дэсерт

desert

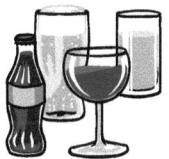

напоі

napitci

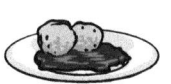

ежа

jelo

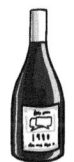

бутэлька

flaša

хуткае харчаванне (фаст-фуд)

brza hrana

стрыт-фуд

imbis hrana

імбрык (чайнік)

čajnik

цукарніца

doza za šećer

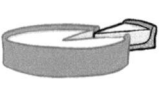

порцыя

porcija

эспрэса-машына

aparat za espresso

дзіцячае крэселка

visoka stolica

рахунак

račun

паднос

poslužavnik

нож

nož

відэлец

viljuška

лыжка

kašika

чайная лыжка

čajna kašika

сурвэтка

salveta

шклянка

čaša

талерка

tanjir

супавая талерка

tanjir za supu

сподак

tanjirić

соус

sos

сальніца

soljenka

млынок для перцу

mlin za biber

воцат

sirće

алей

ulje

спецыі

začini

кетчуп

kečap

гарчыца

senf

маянэз

majoneza

супермаркет
supermarket

акцыя
ponuda
FOR
пакупнік
kupac
малочныя прадукты
mlečni proizvodi
садавіна
voće
вазок
kolica za kupovinu

BUTCHERS

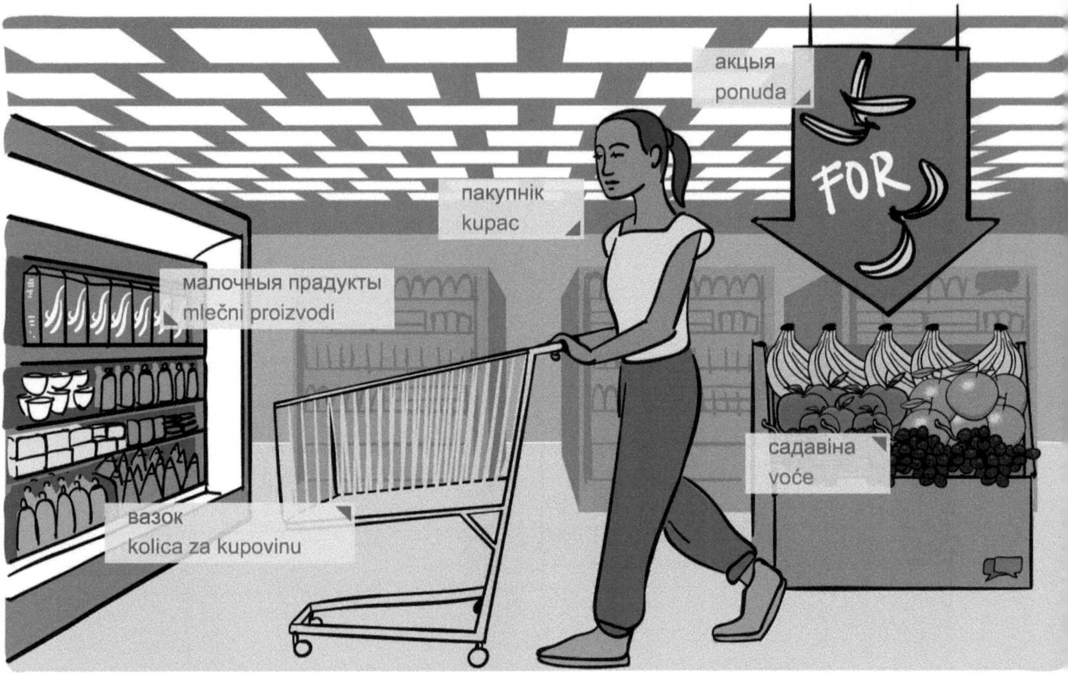

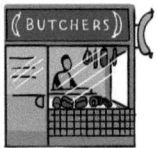

мясная крама

mesnica

BAKERY

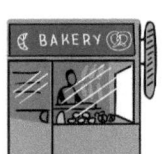

хлебны магазін

pekara

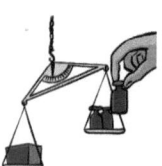

важыць

vagati

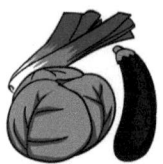

гароднiна

povrće

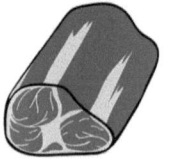

мяса

meso

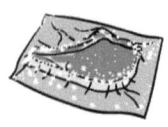

свежазамарожаныя прадукты

smrznuta hrana

нарэзка

narezak

кансервы

konzerve

пральны парашок

sredstvo za pranje

прысмакі

slatkiši

хатнія прылады

artikli za domaćinstvo

чысцячы сродак

sredstva za čišćenje

прадавец

prodavačica

каса

blagajna

касір

blagajnik

спіс пакупак

lista za kupovinu

гадзіны працы

vreme rada

бумажнік

novčanik

крэдытная картка

kreditna kartica

сумка

torba

пакет

plastična kesa

вада

voda

сок

sok

малако

mleko

кола

kola

віно

vino

піва

pivo

алкаголь

alkohol

какава

kakao

гарбата (чай)

čaj

кава

kava

эспрэса

espresso

капучына

cappuccino

банан

banana

яблык

jabuka

апельсін

narandža

дыня

lubenica

лімон

limun

морква

šargarepa

часнок

beli luk

бамбук

bambus

цыбуля

luk

грыб

gljiva

арэхі

orašasti plodovi

локшына

rezanci

спагеці

špagete

рыс

riža

салата

salata

бульба фры

pomfrit

смажаная бульба

pečeni krumpir

піца

pica

гамбургер

hamburger

бутэрброд

sendvič

шніцаль

šnicla

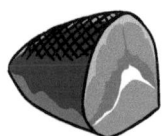

вяндліна

šunka

салямі

salama

каўбаса

kobasica

курыца

kokoš

смажаніна

pečenje

рыбак

riba

аўсяныя камякі

zobene pahuljice

мюслі

musli

кукурузныя шматкі

kukuruzne pahuljice

мука

brašno

круасан

kroasan

булачка

pecivo

хлеб

hleb

тост

toast

пячэнне

keksi

масла

maslac

тварог

sveži sir

пірог

kolač

яйка

jaje

яечня

jaje na oko

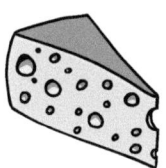

сыр

sir

марожанае

sladoled

цукар

šećer

мёд

med

варэнне

marmelada

нуга

nugat krema

кары

kari

сядзіба
seosko gazdinstvo

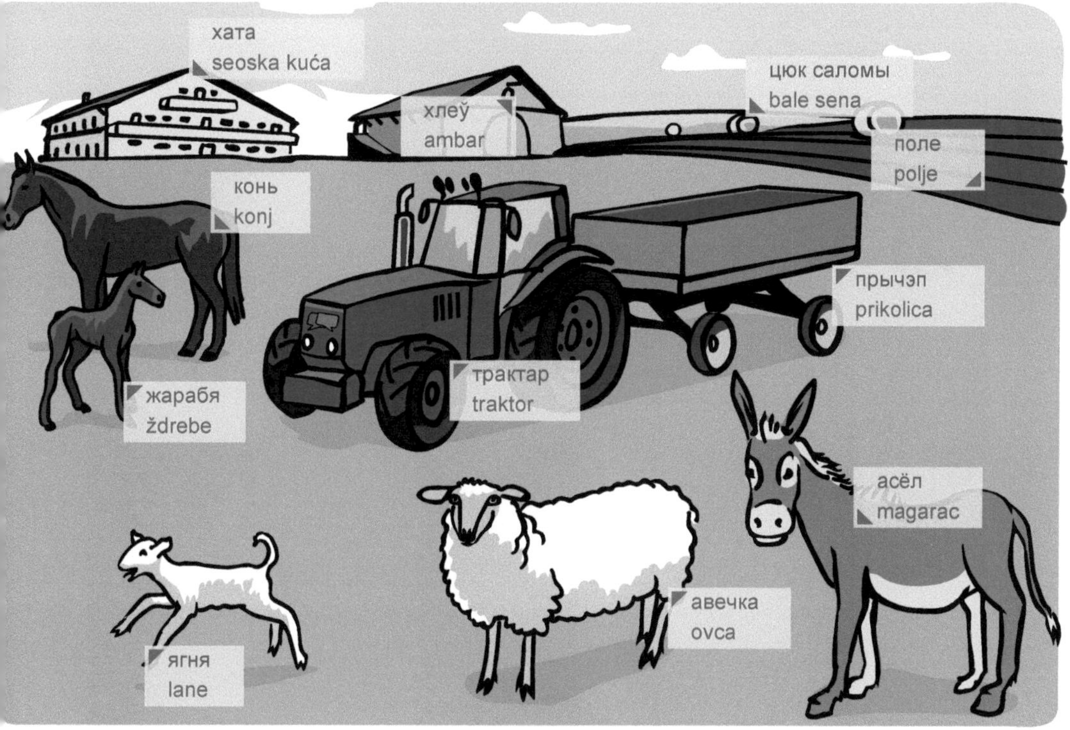
хата
seoska kuća
хлеў
ambar
цюк саломы
bale sena
поле
polje
конь
konj
прычэп
prikolica
трактар
traktor
жарабя
ždrebe
асёл
magarac
авечка
ovca
ягня
lane

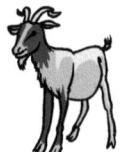

каза

koza

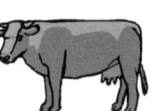

карова

krava

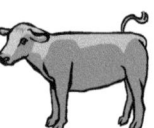

цяля

tele

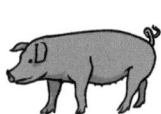

свіння

svinja

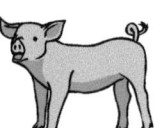

парася

prase

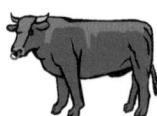

бык

bik

гусак

guska

качка

patka

кураня

pilići

курыца

kokoš

певень

petao

пацук

pacov

кот

mačka

мыш

miš

вол

vol

сабака

pas

сабачая будка

kućica za psa

садовы шланг

vrtno crevo

палівачка

kanta za polivanje

каса

kosa

плуг

plug

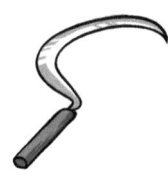

серп
srp

матыка
motika

вілы для гною
viljuška za đubrivo

сякера
sekira

тачка
tačke

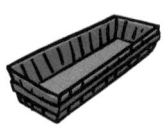

карыта
korito

бітон для малака
posuda za mleko

мех
vreća

плот
ograda

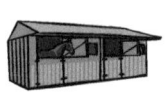

хлеў
štala

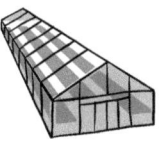

цяпліца
staklenik

глеба
zemlja

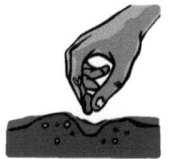

насенне
seme

угнаенне
đubrivo

камбайн
kombajn

збіраць ураджай

žeti

ураджай

žetva

ямс

jams začin

пшаніца

pšenica

соя

soja

бульба

krumpir

кукуруза

kukuruz

рапс

uljana repica

садовае дрэва

voćka

маніёк

gomolj manioke

збожжа

žitarice

дом
kuća

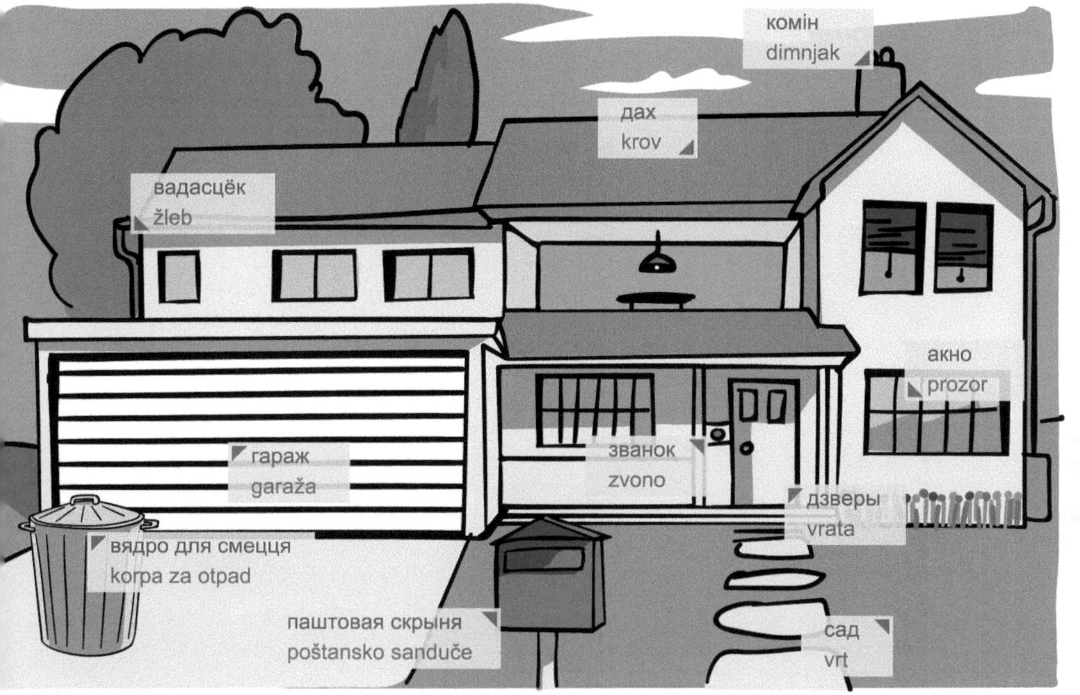
комін
dimnjak
дах
krov
вадасцёк
žleb
акно
prozor
гараж
garaža
званок
zvono
дзверы
vrata
вядро для смецця
korpa za otpad
паштовая скрыня
poštansko sanduče
сад
vrt

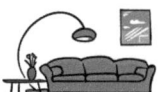

жылы пакой

dnevna soba

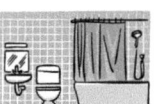

ванная

kupaonica

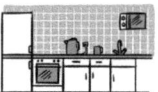

кухня

kuhinja

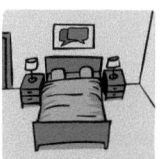

спальны пакой

spavaća soba

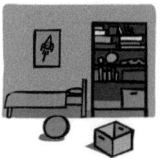

дзіцячы пакой

dečija soba

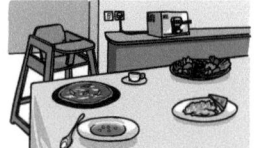

сталоўка

trpezarija

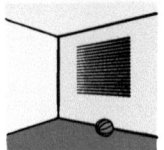

падлога

pod

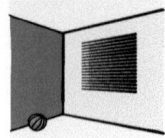

сцяна

zid

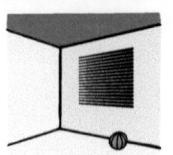

столь

strop

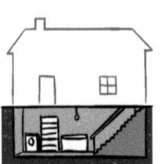

падвал

podrum

саўна

sauna

балкон

balkon

тэраса

terasa

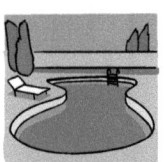

басейн

bazen

касілка

kosilica za travu

падкоўдранік

posteljina za krevet

коўдра

deka za krevet

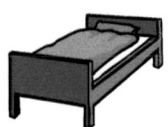

ложак

krevet

венік

metla

вядро

kanta

выключальнік

prekidač

жылы пакой
dnevna soba

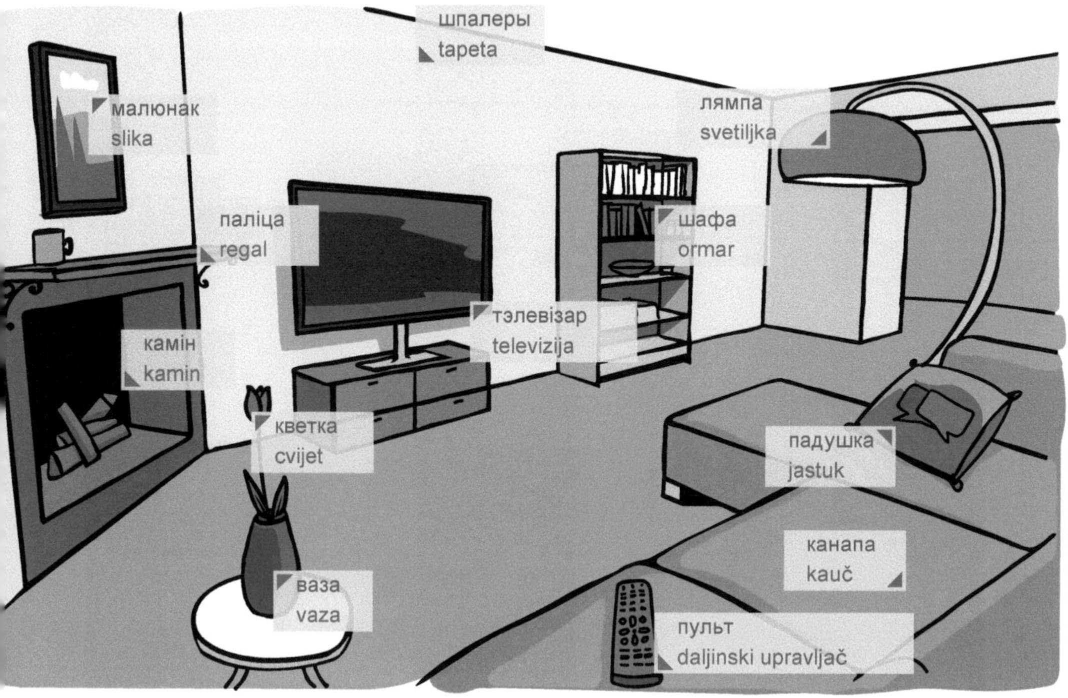
шпалеры
tapeta
малюнак
slika
лямпа
svetiljka
паліца
regal
шафа
ormar
тэлевізар
televizija
камін
kamin
кветка
cvijet
падушка
jastuk
канапа
kauč
ваза
vaza
пульт
daljinski upravljač

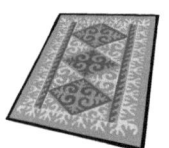

дыван

tepih

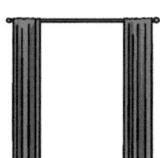

фіранка

zavesa

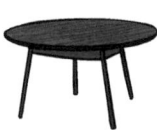

стол

sto

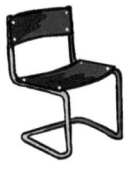

крэсла

stolica

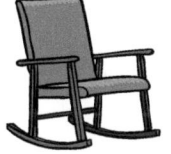

крэсла-качалка

stolica za njihanje

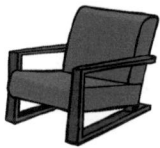

крэсла

fotelja

кніга

knjiga

коўдра

deka

дэкарацыя

dekoracija

дровы

drvo za ogrev

кіно

film

стэрэасістэма

hi-fi uređaj

ключ

ključ

газета

novine

карціна

slika na platnu

постар

poster

радыё

radio

нататнік

blok za pisanje

пыласос

usisivač

кактус

kaktus

свечка

sveća

кухня
kuhinja

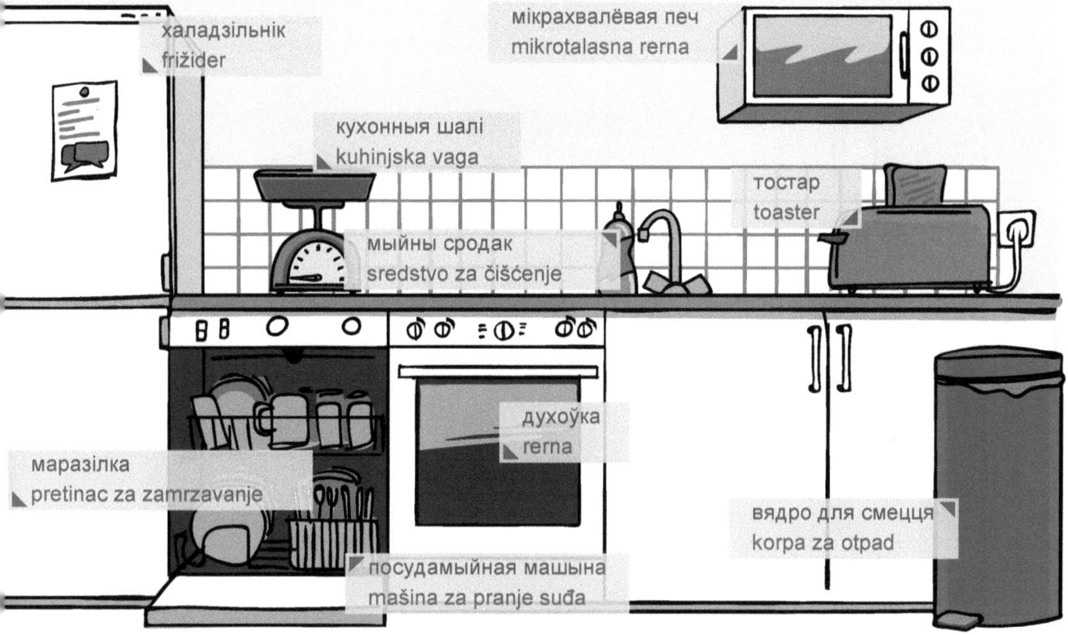
халадзільнік
frižider
мікрахвалёвая печ
mikrotalasna rerna
кухонныя шалі
kuhinjska vaga
тостар
toaster
мыйны сродак
sredstvo za čišćenje
духоўка
rerna
маразілка
pretinac za zamrzavanje
вядро для смецця
korpa za otpad
посудамыйная машына
mašina za pranje suđa

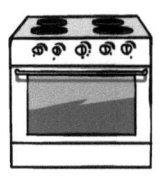

пліта

šporet

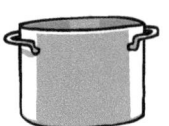

рондаль

lonac

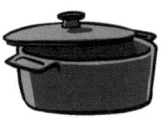

чыгунок

gvozdeni lonac

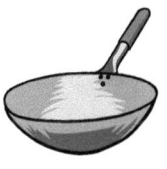

Вок / кадаі

wok / kadai

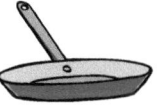

патэльня

tava

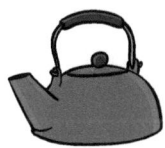

чайнік

kuvalo za vodu

параварка

kuvalo na paru

бляха

lim za pečenje

посуд

posuđe

кубак

čaša

міска

posuda

палачкі для ежы

štapići za jelo

чарпак

kutlača

лапатачка

lopatica

збівалка

penjača

сіта для варэння

sito za kuvanje

сіта

sito

тарка

ribež

ступка

mužar

грыль

roštilj

вогнішча

ognjište

дошка

daska

качалка

oklagija

штопар

vadičep

бляшанка

konzerva

адкрывалка

otvarač konzervi

прыхваткі

krpa za lonac

ракавіна

sudoper

шчотка

četka

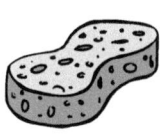

губка

sunđer

міксер

mikser

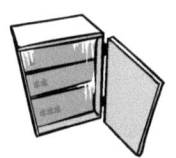

маразільная камера

zamrzivač

бутэлечка

flašica za bebe

вадаправодны кран

slavina za vodu

ванная
kupaonica

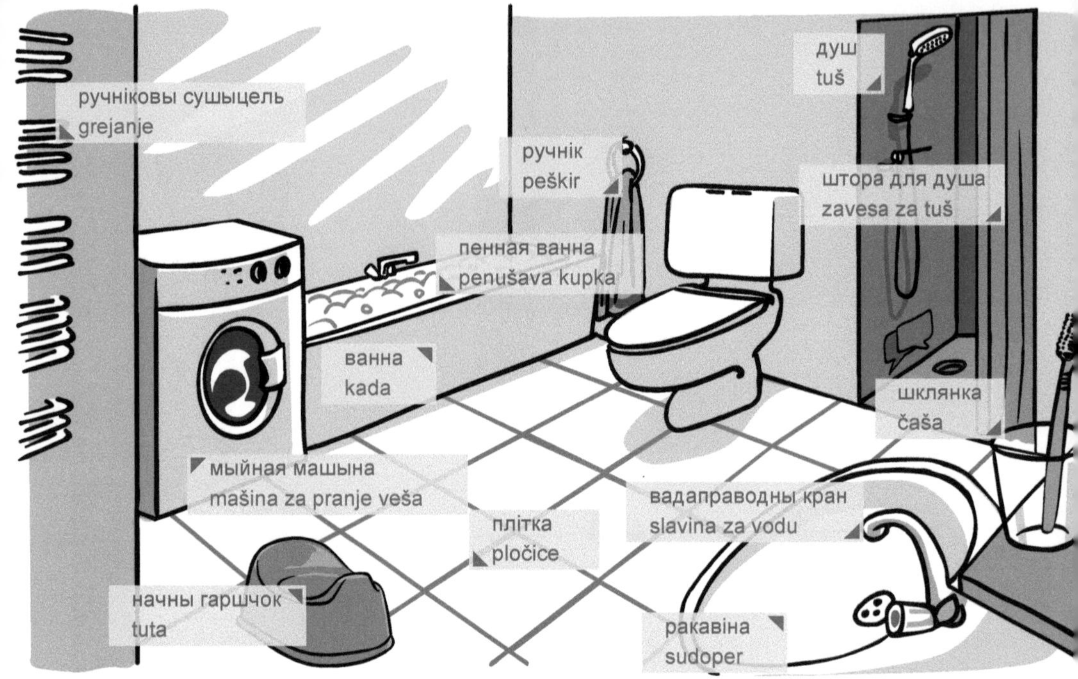

душ
tuš
ручніковы сушыцель
grejanje
ручнік
peškir
штора для душа
zavesa za tuš
пенная ванна
penušava kupka
ванна
kada
шклянка
čaša
мыйная машына
mašina za pranje veša
вадаправодны кран
slavina za vodu
плітка
pločice
начны гаршчок
tuta
ракавіна
sudoper

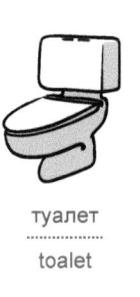

туалет

toalet

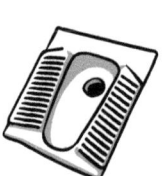

падлогавы ўнітаз

čučavac

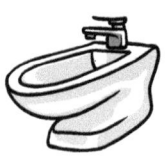

бідэ

bidet

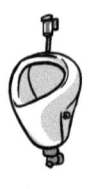

пісуар

pisoar

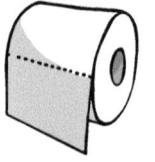

туалетная папера

toaletni papir

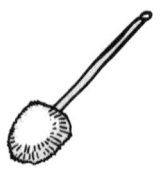

шчотка для чысткі ўнітаза

četka za toalet

зубная шчотка

četkica za zube

зубная паста

pasta za zube

зубная нітка

konac za zube

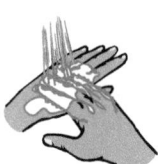

мыць

prati

ручны душ

tuš ručica

інтымны душ

tuš za pranje intimnih delova

умывальнік

lavor

шчотка для спіны

četka za pranje leđa

мыла

sapun

гель для душа

gel za tuširanje

шампунь

šampon

вяхотка

krpa za pranje

вадасцёк

odvod

крэм

krema

дэзадарант

dezodorans

люстэрка

ogledalo

касметычнае люстэрка

kozmetičko ogledalo

станок для галення

brijač

пена для галення

pena za brijanje

ласьён пасля галення

losion za posle brijanja

грэбень

češalj

шчотка

četka

фен

fen za kosu

лак для валасоў

sprej za kosu

касметыка

makeup

памада

ruž za usne

лак для пазногцяў

lak za nokte

вата

vata

манікюрныя нажніцы

makaze za nokte

духі

parfem

касметычка

kozmetička torbica

табурэтка

stolica

вагі

vaga

лазневы халат

ogrtač

санітарныя пальчаткі

rukavice za čišćenje

тампон

tampon

гігіенічныя пракладкі

uložak

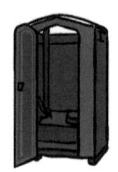

біятуалет

hemijski toalet

дзіцячы пакой
dečija soba

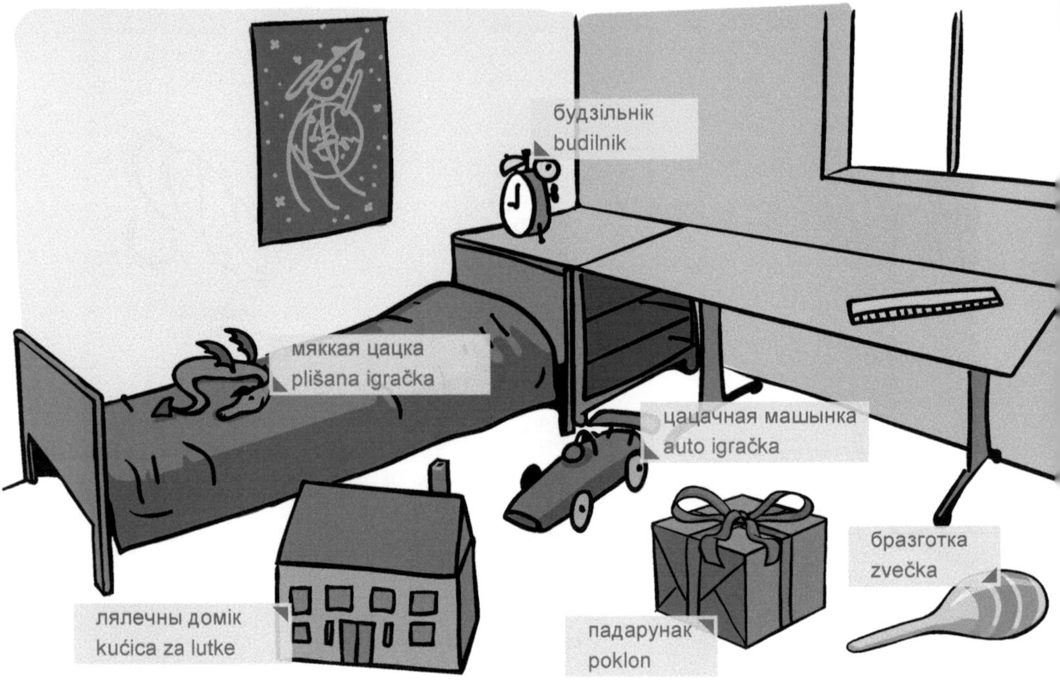
будзільнік
budilnik
мяккая цацка
plišana igračka
цацачная машынка
auto igračka
бразготка
zvečka
лялечны домік
kućica za lutke
падарунак
poklon

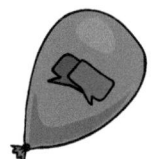

надзіманы шарык

balon

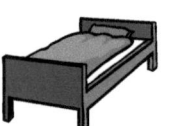

ложак

krevet

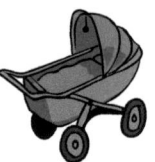

дзіцячая каляска

dječija kolica

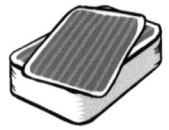

калода картаў

igra s kartama

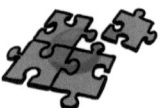

пазл

slagalica

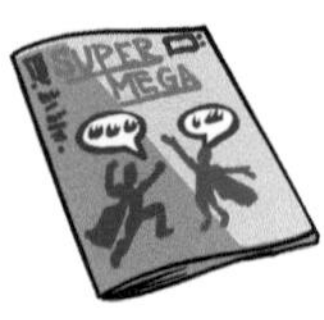

комікс

strip

канструктар "Лега"

lego kockice

канструктар

kockice za slaganje

экшэн-фігурка

akcioni junak

дзіцячы гарнітур

benkica za bebe

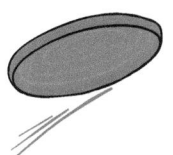

фрызбі

frizbi

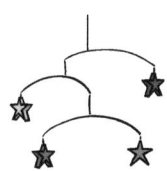

дзіцячы мабіль

viseće igračke

настольная гульня

društvene igre

кубік

kocka

дзіцячая чыгунка

minijaturna željeznica

пустышка

duda

дзіцячае свята

zabava

кніга з малюнкамі

slikovnica

мячык

lopta

лялька

lutka

гуляцца

igrati

пясочніца

pješčanik

арэлі

ljuljačka

цацкі

igračka

гульнявая відэа прыстаўка

konzola za igre

трохколавы ровар

tricikl

плюшавы мішка

tedi

шафа

ormar

адзенне

odeća

шкарпэткі

kratke čarape

панчохі

čarape

калготкі

hulahopke

шалік
šal

рамень
kaiš

парасон
kišobran

цішотка
majica

боты
čizme

пантоплі
papuče

красоўкі
patike

сандалі

sandale

абутак

cipele

гумовыя боты

gumene čizme

трусы

gaćice

бюстгальтар

grudnjak

майка

potkošulja

бодзі
bodi

штаны
pantalone

джынсы
farmerke

спадніца
suknja

блузка
bluza

кашуля
košulja

джэмпер
džemper

талстоўка
džemper s kapuljačom

блэйзер
sako

куртка
jakna

паліто
kaput

дажджавік
kabanica

касцюм
kostim

сукенка
haljina

вясельная сукенка
venčanica

касцюм

odelo

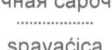

начная сарочка

spavaćica

піжама

pidžama

сары

sari

хустка

marama za glavu

цюрбан

turban

паранджа

burka

каптан

kaftan

Абая

abaja

купальнік

kupaći kostim

плаўкі

kupaće gaćice

шорты

kratke pantalone

спартыўны касцюм

odeća za trening

фартух

kecelja

пальчаткі

rukavice

гузік

dugme

акуляры

naočare

бранзалет

narukvica

каралі

ogrlica

кальцо

prsten

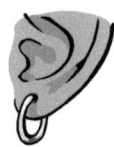

завушніца

naušnica

кепка

kapa

вешалка

vešalica

капялюш

šešir

гальштук

kravata

маланка

patent zatvarač

шлем

kaciga

падцяжкі

naramenice

школьная форма

školska uniforma

уніформа

uniforma

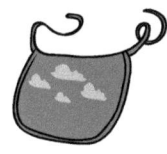

нагруднік

podbradak

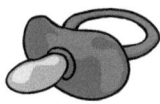

пустышка

duda

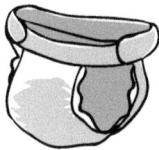

падгузнік

pelena

офіс

kancelarija

сервер
server
канцылярская шафа
ormar za spise
прынтэр
štampač
папера
papir
манітор
monitor
мыш
miš
пісьмовы стол
pisaći stol
тэчка
mapa
клавіятура
tastatura
смеццевы кошык
košara za papir
кампутар
kompjuter
крэсла
stolica

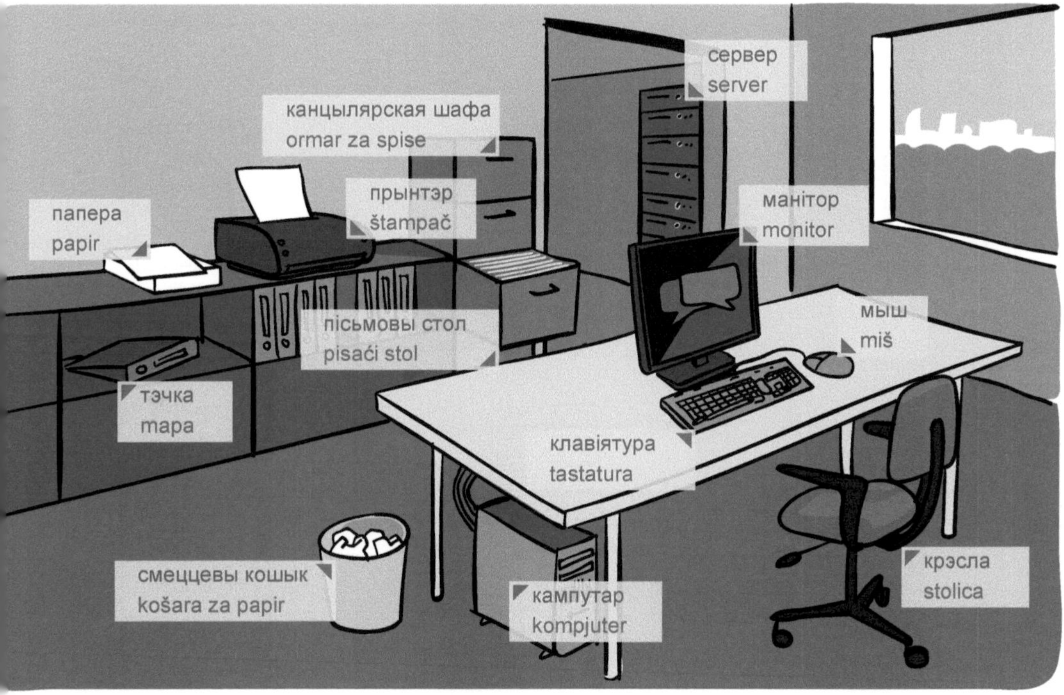

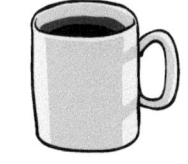

убак для кавы (філіжанка)

šalica za kavu

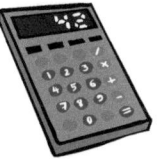

калькулятар

kalkulator

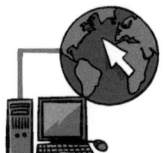

інтэрнэт

internet

ноўтбук

laptop

ліст

pismo

паведамленне

poruka

мабільны тэлефон

mobilni telefon

сетка

mreža

ксеракс

uređaj za kopiranje

праграмнае забеспячэнне

softver

тэлефон

telefon

разетка

utičnica

факс

faks

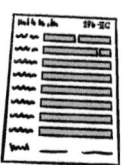

фармуляр

formular

дакумент

dokument

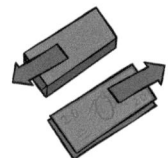

купляць

kupovati

плаціць

platiti

гандляваць

trgovati

грошы

novac

долар

dolar

еўра

evro

ена

jen

рубель

rublja

франк

švajcarski franak

кітайскі юань

renmindbi juan

рупія

rupija

банкамат

automat za novac

абменны пункт

menjačnica

золата

zlato

срэбра

srebro

нафта

nafta

энергія

energija

цана

cena

кантракт

ugovor

падатак

porez

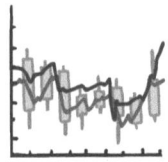

акцыя

deonica

працаваць

raditi

служачы

službenik

працадаўца

poslodavac

фабрыка

fabrika

крама

prodavnica

прафесіі
zanimanja

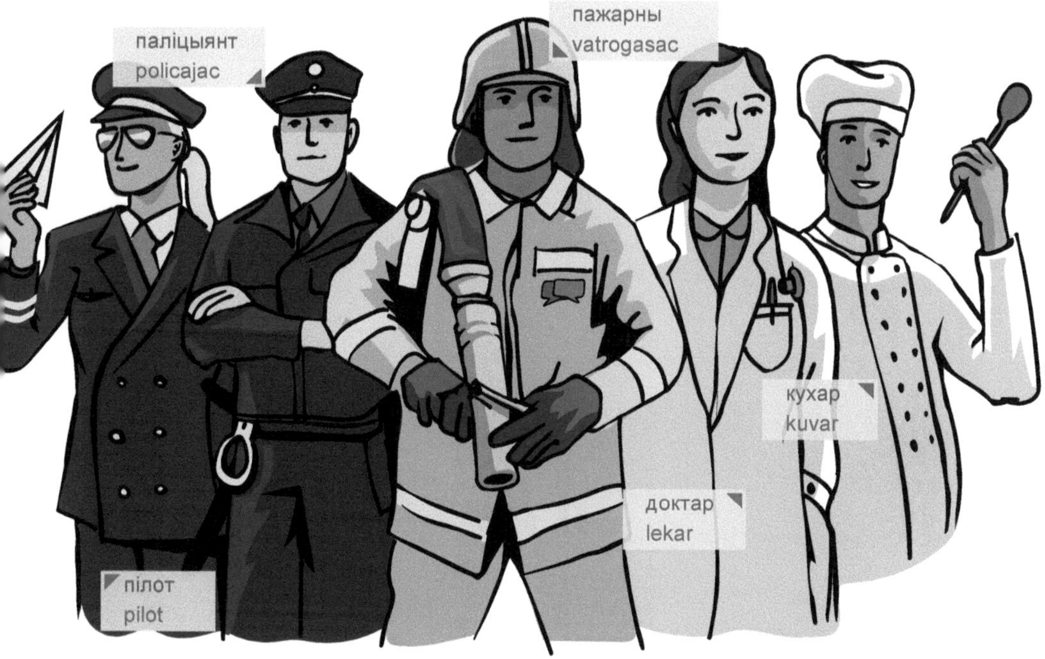
паліцыянт
policajac
пажарны
vatrogasac
кухар
kuvar
доктар
lekar
пілот
pilot

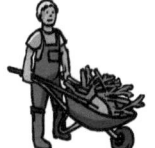

садоўнік

vrtlar

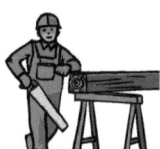

слесар

stolar

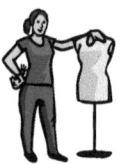

швачка

krojačica

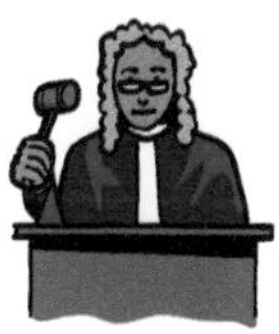

суддзя

sudija

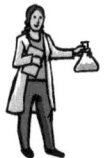

хімік

hemičar

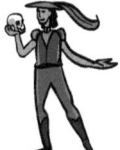

артыст

glumac

кіроўца аўтобуса

vozač autobusa

таксіст

vozač taksija

рыбак

ribar

прыбіральшчыца

čistačica

страхар

krovopokrivač

афіцыянт

konobar

паляўнічы

lovac

мастак

slikar

пекар

pekar

электрык

električar

будаўнік

građevinski radnik

інжынер

inženjer

мяснік

mesar

сантэхнік

limar

паштальён

poštar

салдат
vojnik

архітэктар
arhitekta

касір
blagajnik

фларыст
cvećar

цырульнік
frizer

кандуктар
kondukter

механік
mehaničar

капітан
kapetan

стаматолаг
zubar

вучоны
naučnik

рабін
rabi

імам
imam

манах
monah

святар
svećenik

інструменты

alati

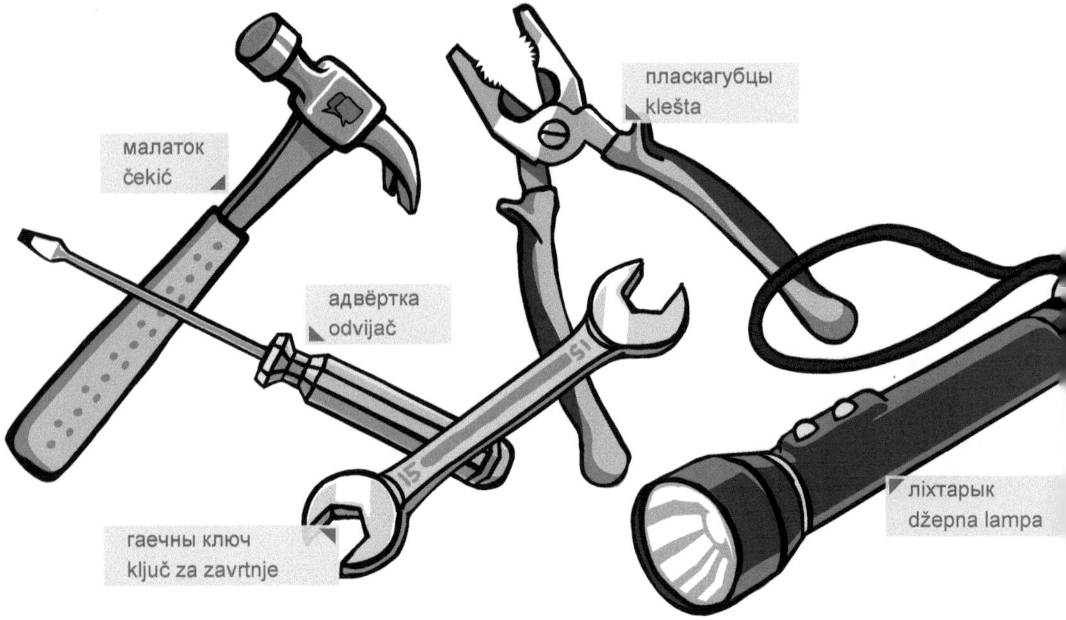
малаток
čekić
пласкагубцы
klešta
адвёртка
odvijač
гаечны ключ
ključ za zavrtnje
ліхтарык
džepna lampa

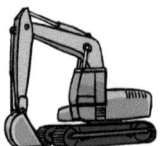

экскаватар

bager

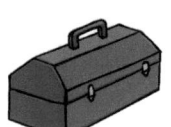

скрыня для інструментаў

kutija za alat

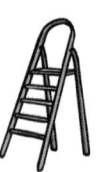

дравіны

merdevine

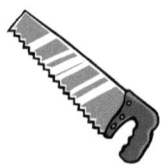

піла

pila

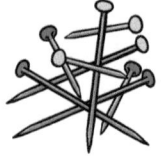

цвікі

ekser

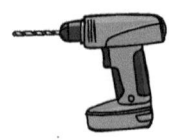

дрыль

bušilica

рамантаваць

popraviti

рыдлеўка

lopata

Халера!

do đavola!

шуфлік для смецця

lopatica

вядро з фарбаю

lonac za boju

балты

zavrtanji

музычныя інструменты
muzički instrument

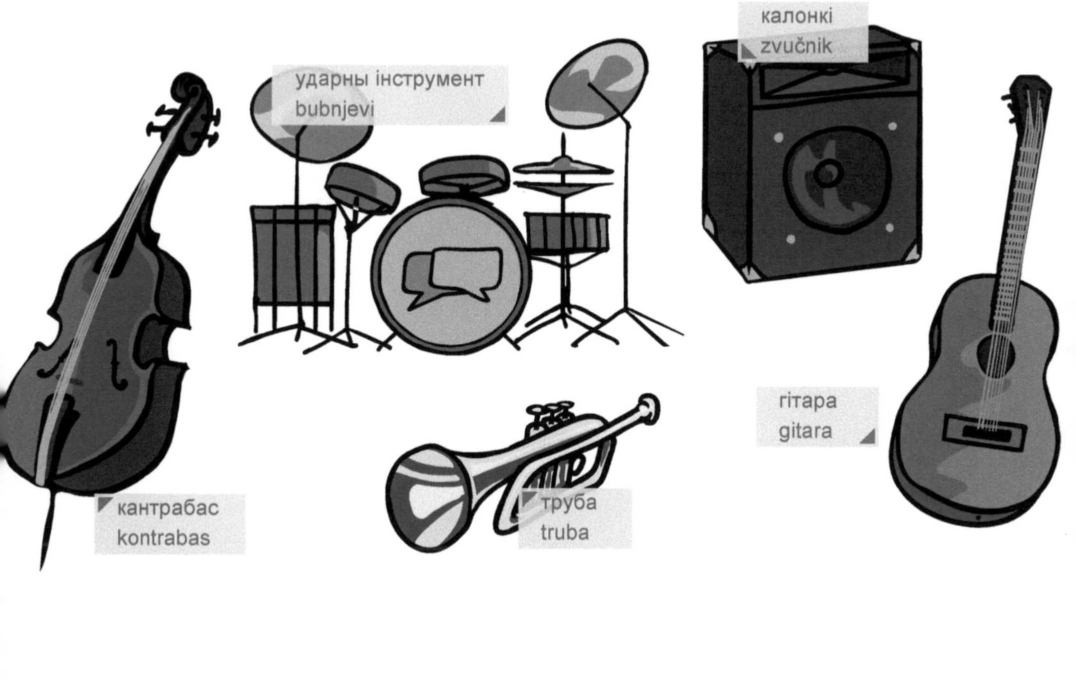

калонкі
zvučnik

ударны інструмент
bubnjevi

гітара
gitara

кантрабас
kontrabas

труба
truba

піяніна

klavir

скрыпка

violina

басгітара

bas

літаўры

timpani

барабан

udaraljke za bubnjeve

клавішны электрамузычны
інструмент

tipke klavira

саксафон

saksofon

флейта

flauta

мікрафон

mikrofon

заапарк

zoološki vrt

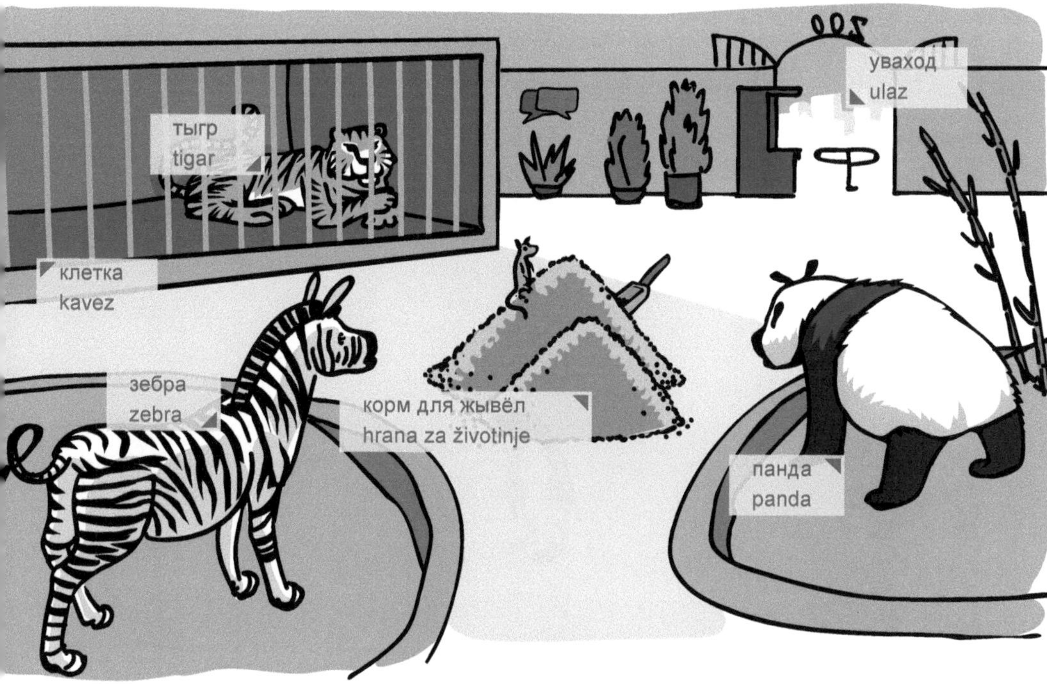

увахад
ulaz
тыгр
tigar
клетка
kavez
зебра
zebra
корм для жывёл
hrana za životinje
панда
panda

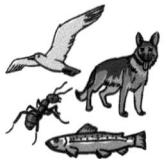

жывёлы

životinje

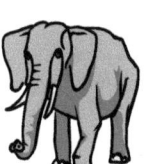

слон

slon

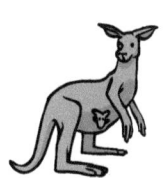

кенгуру

kengur

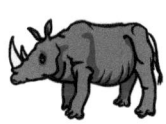

насарог

nosorog

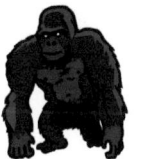

гарыла

gorila

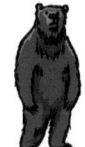

мядзведзь

medved

вярблюд

kamila

стравус

noj

леў

lav

малпа

majmun

фламінга

flamingo

папугай

papagaj

белы мядзведзь

polarni medved

пінгвін

pingvin

акула

ajkula

паўлін

paun

змяя

zmija

кракадзіл

krokodil

наглядчык заапарка

čuvar u zoološkom vrtu

цюлень

tuljan

ягуар

jaguar

поні

poni

леапард

leopard

бегемот

nilski konj

жыраф

žirafa

арол

orao

дзік

divlja svinja

рыбак

riba

чарапаха

kornjača

морж

morž

ліса

lisica

газель

gazela

американскі футбол
američki nogomet

веласпорт
biciklizam

тэніс
tenis

баскетбол
košarka

плаванне
plivanje

бокс
boks

хакей з шайбай
hokej na ledu

футбол
fudbal

бадмінтон
badminton

лёгкая атлетыка
atletika

гандбол
rukomet

горныя лыжы
skijanje

пола
polo

дзейнасць

aktivnosti

скакаць
skočiti
абдымаць
zagrliti
смяяцца
smejati se
іcці
ići
спяваць
pevati
марыць
sanjati
маліцца
moliti se
цалаваць
poljubiti

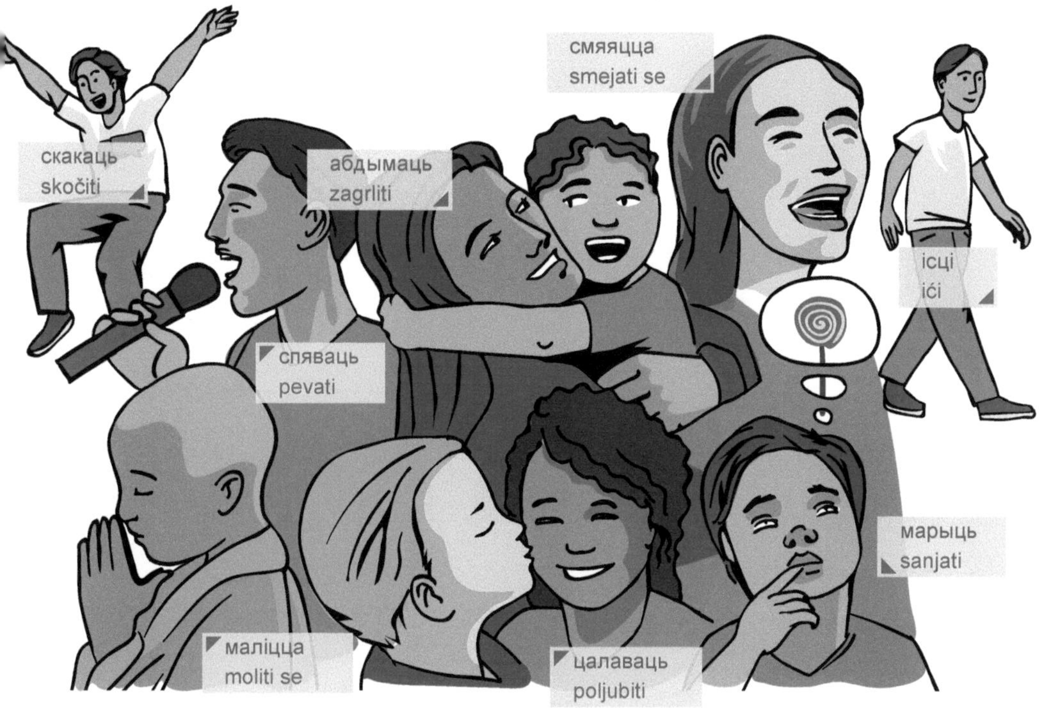

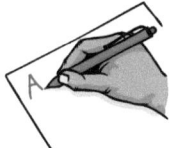

пісаць

pisati

маляваць

crtati

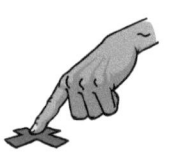

паказваць

pokazati

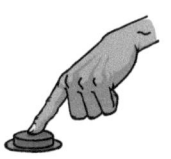

націснуць

gurati

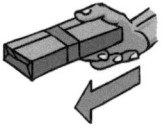

даваць

dati

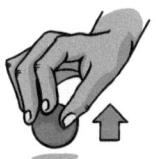

браць

uzeti

маць
imati

выконваць
činiti

быць
biti

стаяць
stojati

бегчы
trčati

цягнуць
povlačiti

кідаць
baciti

падаць
padati

ляжаць
ležati

чакаць
čekati

насіць
nositi

сядзець
sediti

апранацца
oblačiti

спаць
spavati

прачынацца
probuditi se

глядзець

gledati

плакаць

plakati

лашчыць

milovati

прычэсвацца

češljati

гаварыць

govoriti

разумець

razumeti

пытаць

pitati

чуць

slušati

піць

piti

есці

jesti

прыбіраць

pospremiti

кахаць

voleti

гатаваць

kuhati

ехаць

voziti

лятаць

leteti

дзейнасць - aktivnosti

плаваць пад ветразем

ploviti

лічыць

računati

чытаць

čitati

вучыць

učiti

працаваць

raditi

уступаць у шлюб

venčati se

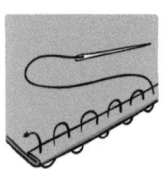

шыць

šiti

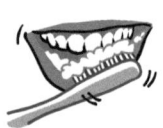

чысціць зубы

prati zube

забіваць

ubiti

курыць

pušiti

пасылаць

poslati

бабуля
baka

дзядуля
deda

бацька
otac

маці
majka

дзіця
beba

дачка
kćerka

сын
sin

госць

gost

цётка

tetka

дзядзька

ujak, stric

брат

brat

сястра

sestra

цела

telo

лоб
čelo
вока
oko
плячо
rame
палец
prst
твар
lice
падбародак
brada
рука
ruka
нага
noga
грудзі
grudi
рука
ruka

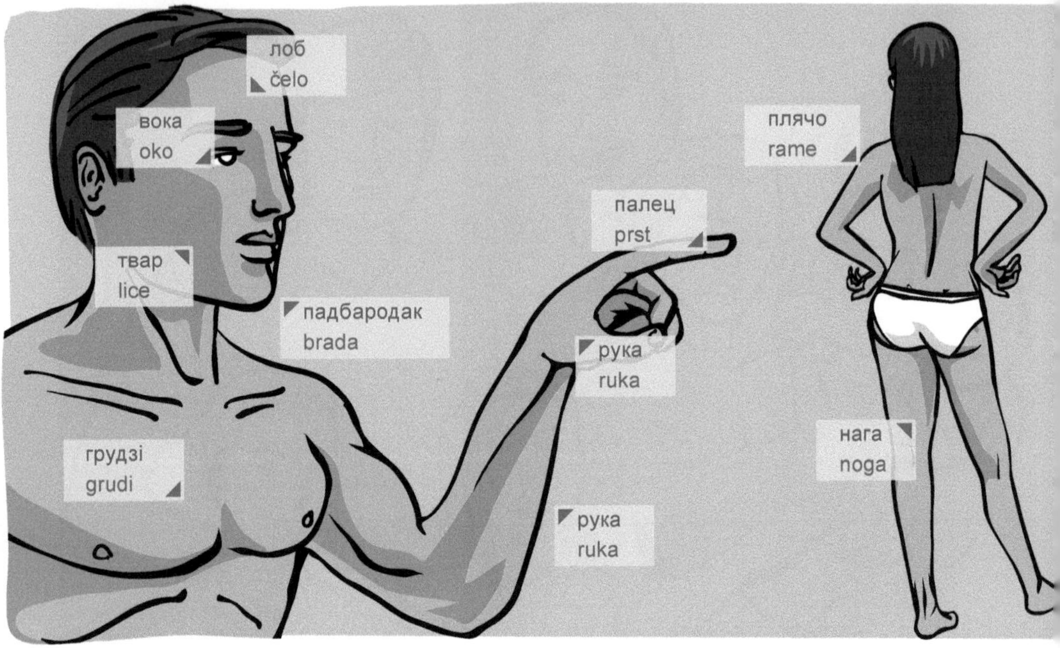

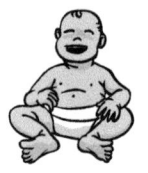

дзіця

beba

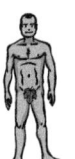

мужчына

muškarac

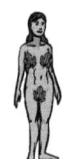

жанчына

žena

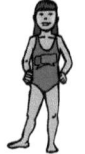

дзяўчынка

devojčica

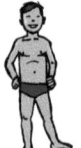

хлопчык

dečak

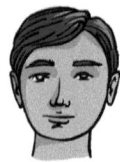

галава

glava

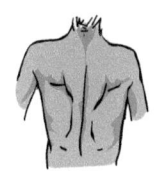

спіна

leđa

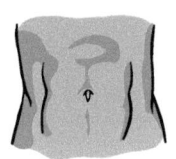

жывот

stomak

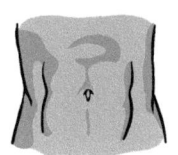

пуп

pupak

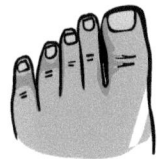

палец нагі

nožni prst

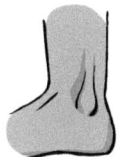

пятка

peta

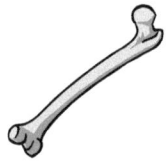

костка

kost

бядро

kukovi

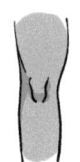

калена

koleno

локаць

lakat

нос

nos

ягадзіца

zadnjica

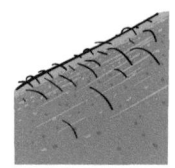

скура

koža

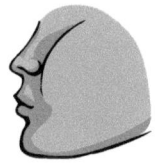

шчака

obraz

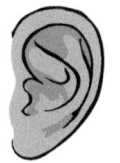

вуха

uvo

губа

usna

цела - telo

рот

usta

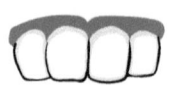

зуб

zub

язык

jezik

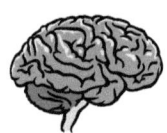

галаўны мозг

mozak

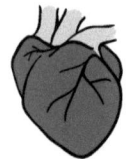

сэрца

srce

мышца

mišić

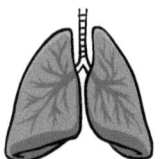

лёгкае

pluća

пячонка

jetra

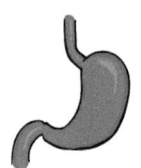

страўнік

želudac

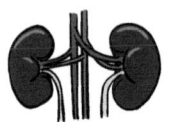

ныркі

bubrezi

сэкс

polni odnos

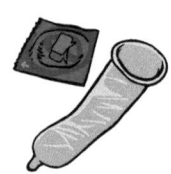

прэзерватыў

kondom

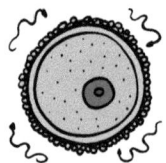

яйцаклетка

jajna ćelija

сперма

sperma

цяжарнасць

trudnoća

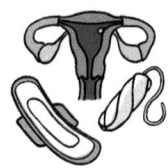

менструацыя

menstruacija

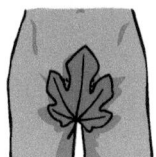

похва

vagina

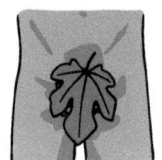

пеніс

penis

брыво

obrva

валасы

kosa

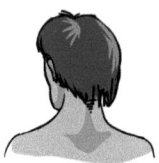

шыя

vrat

шпіталь

bolnica

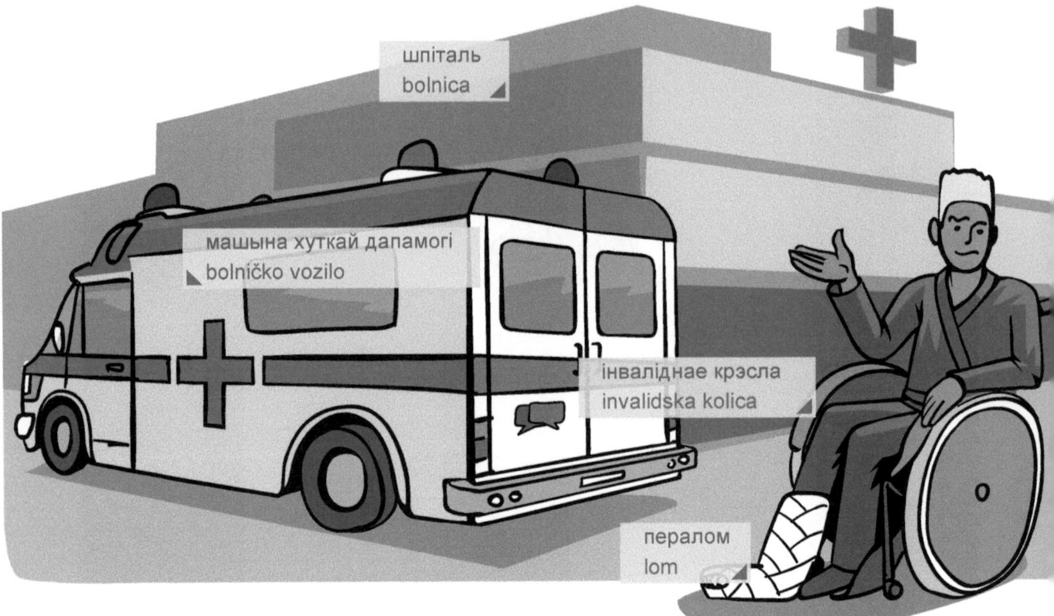

шпіталь
bolnica
машына хуткай дапамогі
bolničko vozilo
інваліднае крэсла
invalidska kolica
пералом
lom

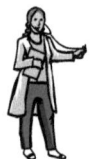

доктар

lekar

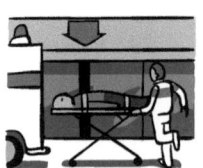

аддзяленне першай дапамогі

hitna medicinska služba

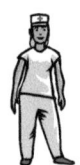

медсястра

medicinska sestra

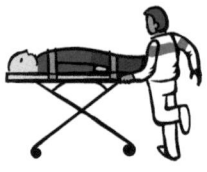

экстраная дапамога

hitni slučaj

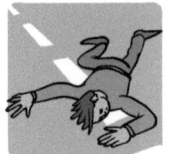

непрытомны

nesvest

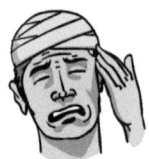

боль

bol

траўма

povreda

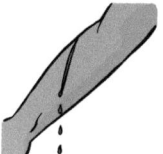

крывацёк

krvarenje

інфаркт

srčani udar

апаплексія

udar

алергія

alergija

кашаль

kašalj

гарачка

groznica

грып

gripa

панос

proliv

галаўны боль

glavobolja

рак

rak

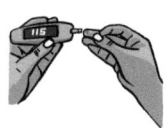

дыябет

dijabetes

хірург

hirurg

скальпель

skalpel

аперацыя

operacija

шпіталь - bolnica

КТ
ct

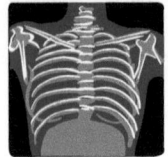

рэнтген
rentgen

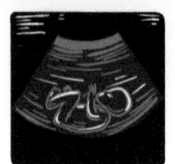

ультрагук
ultrazvuk

маска
maska

хвароба
bolest

пачакальня
čekaona

мыліца
štaka

пластыр
flaster

бінт
zavoj

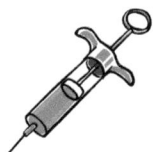

ін'екцыя
injekcija

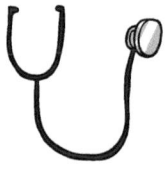

стэтаскоп
stetoskop

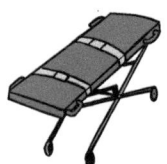

насілкі
nosila

градуснік
termometar

нараджэнне
rođenje

лішняя вага
prekomerna težina

слухавы апарат

slušni aparat

дэзінфекцыйны сродак

sredstvo za dezinfekciju

інфекцыя

infekcija

вірус

virus

ВІЧ/СНІД

HIV / AIDS

лекі

medicina

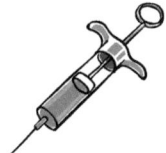

прышчэпка

vakcinacija

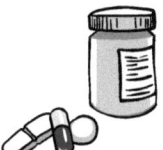

таблеткі

tablete

супрацьзачаткавая
таблетка

pilula

экстраны выклік

hitni poziv

танометр

uređaj za merenje pritiska

хворы / здаровы

bolesno / zdravo

Ратуйце!

pomoć!

сігналізацыя

alarm

напад

nasrtaj

атака

napad

небяспека

opasnost

аварыйны выхад

izlaz u slučaju nužde

Пажар!

požar!

вогнетушыцель

protivpožarni aparat

аварыя

nezgoda

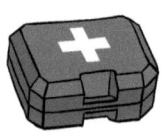

аптэчка

kutija prve pomoći

СОС

sos

паліцыя

policija

Еўропа

Evropa

Паўночная Амерыка

Severna Amerika

Паўднёвая Амерыка

Južna Amerika

Афрыка

Afrika

Азія

Azija

Аўстралія

Australija

Атлантычны акіян

Atlantik

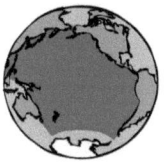

Ціхі акіян

Pacifik

Індыйскі акіян

Indijski okean

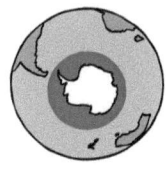

аўднёвы ледавіты акіян

Antarktički okean

Паўночны ледавіты акіян

Arktički ocean

Паўночны полюс

Severni pol

Паўднёвы полюс

Južni pol

Антарктыда

Antarktik

Зямля

zemlja

краіна

zemlja

мора

more

востраў

otok

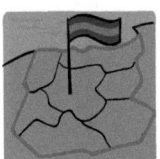

нацыя

nacija

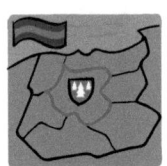

дзяржава

država

цыферблат

brojčanik sata

гадзінная стрэлка

satna kazaljka

хвілінная стрэлка

minutna kazaljka

секундная стрэлка

sekundna kazaljka

Колькі часу?

Koliko je sati?

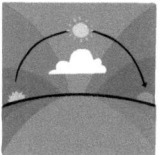

дзень

dan

час

vreme

зараз

sada

электронны гадзіннік

digitalni sat

хвіліна

minuta

гадзіна

čas

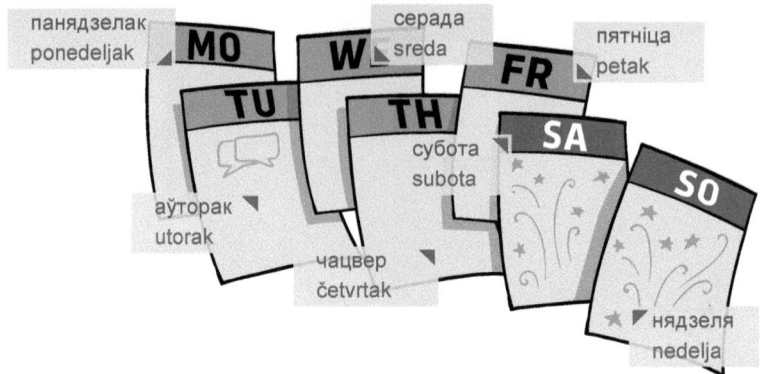

панядзелак
ponedeljak

MO

серада
sreda

W

пятніца
petak

FR

TU

TH

субота
subota

SA

SO

аўторак
utorak

чацвер
četvrtak

нядзеля
nedelja

ўчора
juče

сёння
danas

заўтра
sutra

раніца
jutro

абед
podne

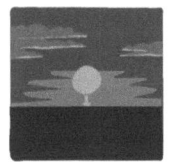

вечар
veče

MO	TU	WE	TH	FR	SA	SU
1	2	3	4	5	6	7
8	9	10	11	12	13	14
15	16	17	18	19	20	21
22	23	24	25	26	27	28
29	30	31	1	2	3	4

працоўныя дні
radni dani

MO	TU	WE	TH	FR	SA	SU
1	2	3	4	5	6	7
8	9	10	11	12	13	14
15	16	17	18	19	20	21
22	23	24	25	26	27	28
29	30	31	1	2	3	4

выхадныя
vikend

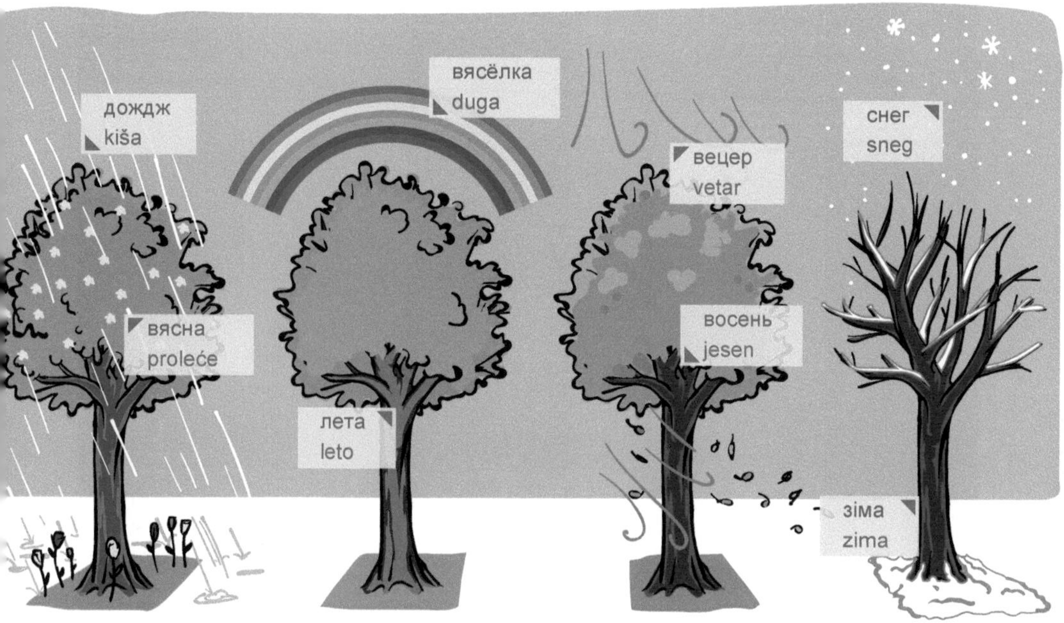

вясёлка
duga
дождж
kiša
снег
sneg
вецер
vetar
вясна
proleće
восень
jesen
лета
leto
зіма
zima

4.APRIL 11°
5.APRIL 4°
6.APRIL 13°
7.APRIL 8°
8.APRIL 10°

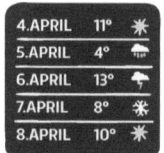

прагноз надвор'я

meteorološka prognoza

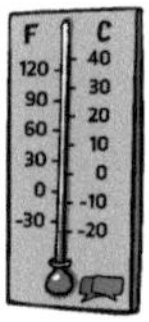

F
C
120
90
60
30
0
-30
40
30
20
10
0
-10
-20

градуснік

termometar

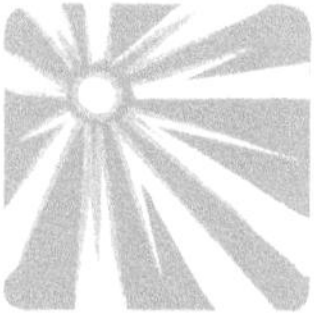

сонечнае святло

sunčana svetlost

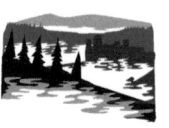

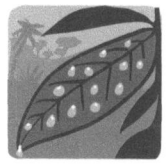

воблака

oblak

туман

magla

вільготнасць паветра

vlažnost vazduha

маланка

munja

гром

grmljavina

бура

oluja

град

tuča

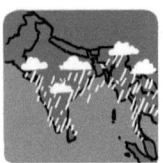

мусонны вецер

monsun

прыліў

poplava

лёд

led

студзень

januar

люты

februar

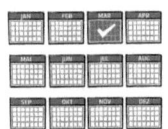

сакавік

mart

красавік

april

май

maj

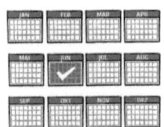

чэрвень

juni

ліпень

juli

жнівень

avgust

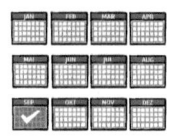

верасень
....
septembar

кастрычнік
....
oktobar

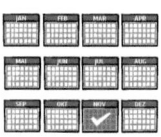

лістапад
....
novembar

снежань
....
decembar

формы
oblici

круг
....
krug

квадрат
....
kvadrat

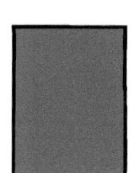

прамавугольнік
....
pravougao

трохвугольнік
....
trougao

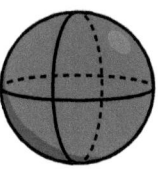

шар
....
kugla

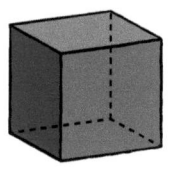

куб
....
kocka

белы

bela

жоўты

žuta

аранжавы

narandžasta

ружовы

ružičasta

чырвоны

crvena

фіялетавы

ljubičasta

сіні

plava

зялёны

zelena

карычневы

smeđa

шэры

siva

чорны

crna

шмат / мала

mnogo / malo

злы / добры

ljutito / mirno

прыгожы / брыдкі

lepo / ružno

пачатак / канец

početak / kraj

высокі / малы

veliko / maleno

светлы / цёмны

svetlo / tamno

сястра / брат

brat / sestra

чысты / брудны

čisto / prljavo

поўны / няпоўны

potpuno / nepotpuno

дзень / ноч

dan / noć

мёртвы / жывы

mrtvo / živo

шырокі / вузкі

široko / usko

ядомы / неядомы

jestivo / nejestivo

злы / добры

zlo / dobro

узбуджаны / нудны

uzbuđeno / dosadno

тоўсты / тонкі

debelo / mršavo

першы / апошні

na početku / na kraju

сябар / вораг

prijatelj / neprijatelj

поўны / пусты

puno / prazno

цвёрды / мяккі

tvrdo / mekano

важкі / лёгкі

teško / lagano

голад / смага

glad / žeđ

хворы / здаровы

bolesno / zdravo

нелегальны / легальны

ilegalno / legalno

разумны / дурны

pametno / glupo

левы / правы

levo / desno

побач / далёка

blizu / daleko

новы / былы ва ўжыванні

novo / polovno

нічога / нешта

ništa / nešto

старЫ / малады

staro / mlado

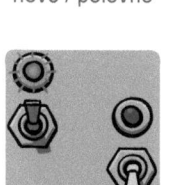

укл / выкл

uključeno / isključeno

адчынены / зачынены

otvoreno / zatvoreno

ціхі / гучны

tiho / glasno

багаты / бедны

bogato / siromašno

правільна / няправільна

tačno / pogrešno

шурпаты / гладкі

hrapavo / glatko

сумны / шчаслівы

tužno / sretno

кароткі / доўгі

kratko / dugo

павольны / хуткі

polako / brzo

вільготны / сухі

mokro / suho

цёплы / халаднаваты

toplo / hladno

вайна / мір

rat / mir

0

нуль

nula

1

адзін

jedan

2

два

dva

3

тры

tri

4

чатыры

četiri

5

пяць

pet

6

шэсць

šest

7

сем

sedam

8

восем

osam

9

дзевяць

devet

10

дзесяць

deset

11

адзінаццаць

jedanaest

12

дванаццаць
....
dvanaest

13

трынаццаць
....
trinaest

14

чатырнаццаць
....
četrnaest

15

пятнаццаць
....
petnaest

16

шаснаццаць
....
šestnaest

17

сямнаццаць
....
sedamnaest

18

васямнаццаць
....
osamnaest

19

дзевятнаццаць
....
devetnaest

20

дваццаць
....
dvadeset

100

сто
....
stotinu

1.000

тысяча
....
hiljadu

1.000.000

мільён
....
milion

англійская

engleski

англійская (Амерыка)

američki engleski

кітайская мандарынская

mandarinski kineski

хіндзі

hindski

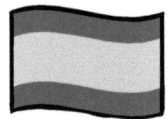

іспанская

španski

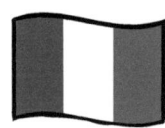

французская

francuski

арабская

arapski

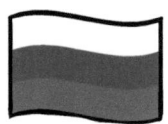

руская

ruski

партугальская

portugalski

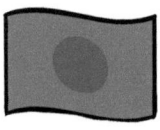

бенгальская

bengalski

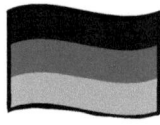

нямецкая

nemački

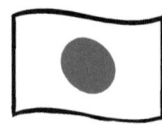

японская

japanski

я
ja

ты
ti

ён / яна / яно
on / ona / ono

мы
mi

вы
vi

яны
oni

хто?
Ko?

што?
Šta?

як?
Kako?

дзе?
Gde?

калі?
Kada?

імя
ime

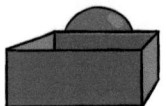

за
....
iza

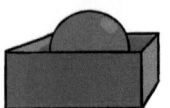

у
....
u

перад
....
ispred

над
....
preko

на
....
na

пад
....
ispod

каля
....
pored

паміж
....
između

месца
....
mesto